L'imagier de Bali

Une journée à l'école

Textes de Magdalena
Illustrations de Laurent Richard

Merci à « Maîtresse Sabine » pour son aide pendant la conception de l'imagier. M.

Pour Jeanne, Marc et les maternelles de la Vigie. L. R.

Père Castor ■ Flammarion

www.editions.flammarion.com

Éditions Flammarion – 87, quai Panhard-et-Levassor – 75647 Paris Cedex 13
ISBN : 978-2-0812-6716-9 – N° d'édition : L.01EJDN000807.N001
Dépôt légal : août 2012 – Imprimé en France par Pollina S. A. – 07/2012 - L61727
Loi n° 49-956 du 16 juillet 1949 sur les publications destinées à la jeunesse

L’arrivée à l’école

Retrouver les copains
Sur le chemin, c’est bien ;
Pour se donner la main
Et marcher avec entrain,
Comme Bali chaque matin.

LE PASSAGE PIÉTON
Le passage piéton
Le passage piéton

LE FEU ROUGE
Le feu rouge
Le feu rouge

LE TROTTOIR
Le trottoir
Le trottoir

L'ÉCOLE
L'école
L'école

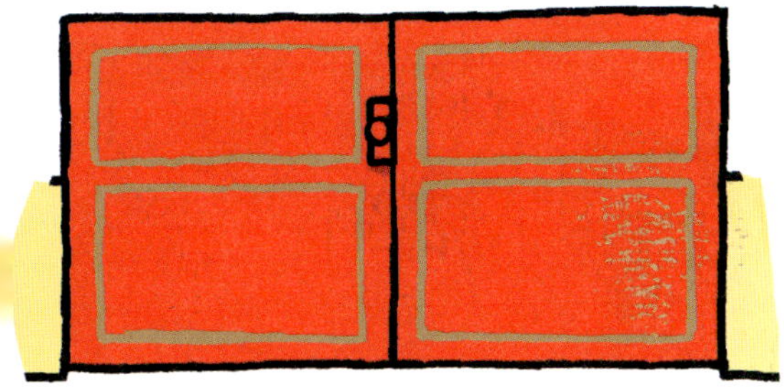

LE PORTAIL
Le portail
Le portail

LA GRILLE
La grille
La grille

LA COUR
La cour
La cour

LA MAÎTRESSE
La maîtresse
La maîtresse

LE COULOIR
Le couloir
Le couloir

L'ÉTIQUETTE PRÉNOM
L'étiquette prénom
L'étiquette prénom

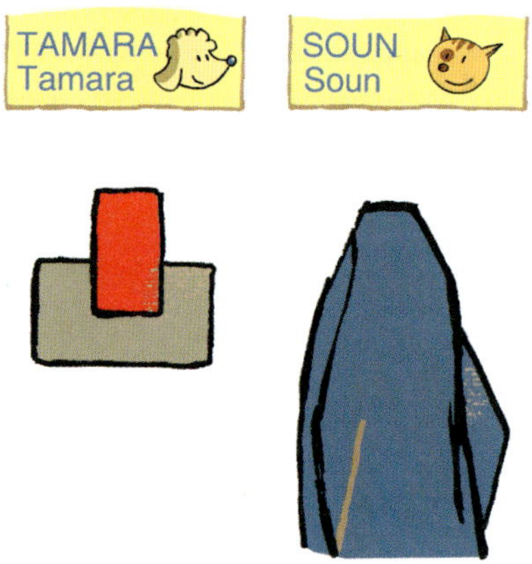

LES PORTEMANTEAUX
Les portemanteaux
Les portemanteaux

LA CLASSE
La classe
La classe

LE BANC
Le banc
Le banc

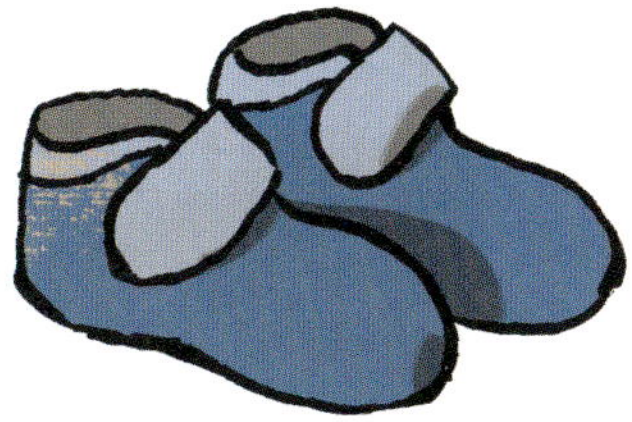

LES CHAUSSONS
Les chaussons
Les chaussons

LE SAC À DOS
Le sac à dos
Le sac à dos

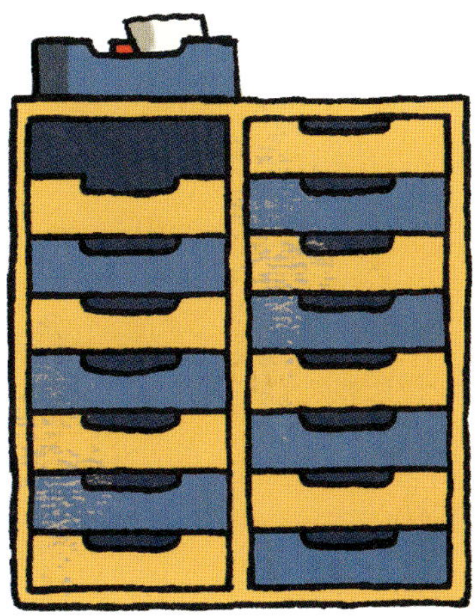

LES CASIERS
Les casiers
Les casiers

Au coin regroupement

Hier, aujourd'hui, demain,
Comme tous les matins,
Bali lève la main ;
On laisse parler le copain,
On raconte nos petits riens.

KOAA ?

LE CALENDRIER
Le calendrier
Le calendrier

L'HORLOGE
L'horloge
L'horloge

LA DATE
La date
La date

LE CAHIER D'APPEL
Le cahier d'appel
Le cahier d'appel

LA PHOTO DE CLASSE
La photo de classe
La photo de classe

LE CAHIER DE VIE
Le cahier de vie
Le cahier de vie

LA PEINTURE
La peinture
La peinture

L'AFFICHE
L'affiche
L'affiche

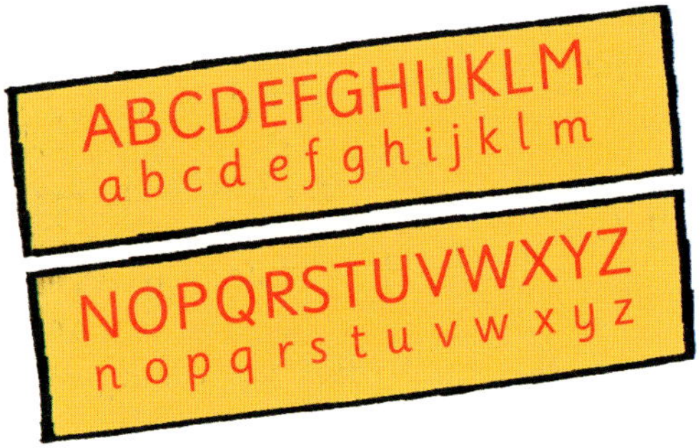

LA FRISE DES LETTRES
La frise des lettres
La frise des lettres

LA FRISE DES NOMBRES
La frise des nombres
La frise des nombres

L'ALBUM
L'album
L'album

LE TABLEAU
Le tableau
Le tableau

BALI DIT BONJOUR
Bali dit bonjour
Bali dit bonjour

BALI EST ASSIS
Bali est assis
Bali est assis

BALI LÈVE LE DOIGT
Bali lève le doigt
Bali lève le doigt

BALI CHANTE
Bali chante
Bali chante

À la récréation

La récré, c'est sacré,
Bali va bien s'amuser :
Jouer, danser, sauter ;
Et quand c'est terminé,
Par deux il va se ranger.

LE TRICYCLE
Le tricycle
Le tricycle

LE VÉLO
Le vélo
Le vélo

LA PATINETTE
La patinette
La patinette

LA BROUETTE
La brouette
La brouette

LA MARELLE

La marelle

La marelle

LE BALLON

Le ballon

Le ballon

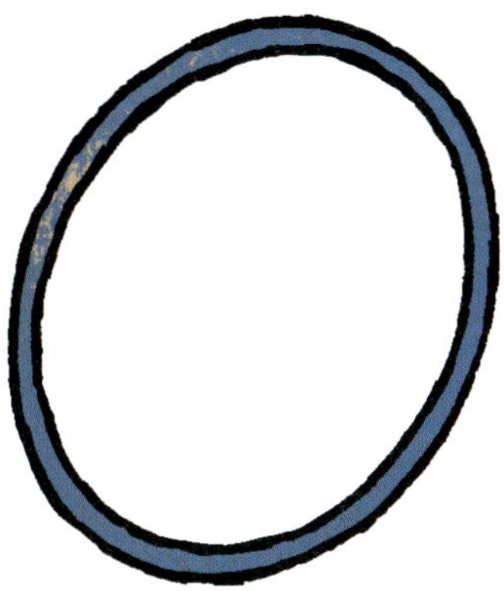

LE CERCEAU

Le cerceau

Le cerceau

LE BALLON SAUTEUR

Le ballon sauteur

Le ballon sauteur

LA CABANE
La cabane
La cabane

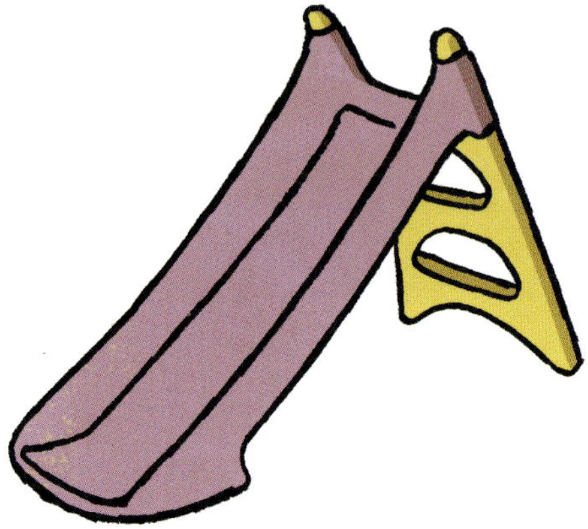

LE TOBOGGAN
Le toboggan
Le toboggan

L'ARBRE
L'arbre
L'arbre

LA HAIE
La haie
La haie

LE MUR
Le mur
Le mur

L'ESCALIER
L'escalier
L'escalier

LA FENÊTRE
La fenêtre
La fenêtre

LA PORTE
La porte
La porte

Les activités en classe

À l'école, il faut travailler,
Bali aime bien dessiner ;
Avec toutes les activités,
Pas le temps de s'ennuyer,
La journée est vite passée !

L'ORDINATEUR
L'ordinateur
L'ordinateur

LE PLACARD
Le placard
Le placard

LE CAHIER
Le cahier
Le cahier

LA FEUILLE
La feuille
La feuille

LE POT DE PEINTURE
Le pot de peinture
Le pot de peinture

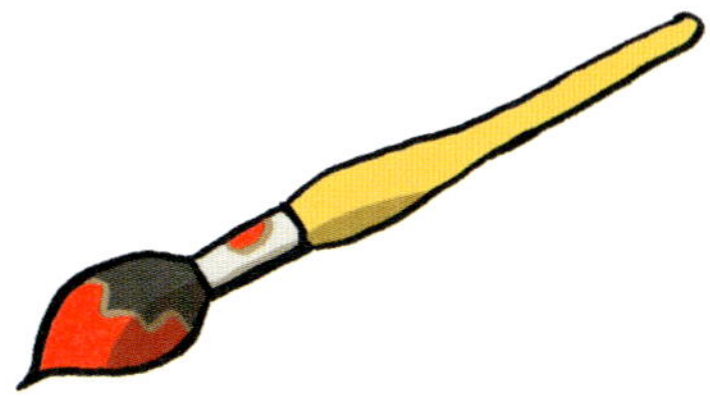

LE PINCEAU
Le pinceau
Le pinceau

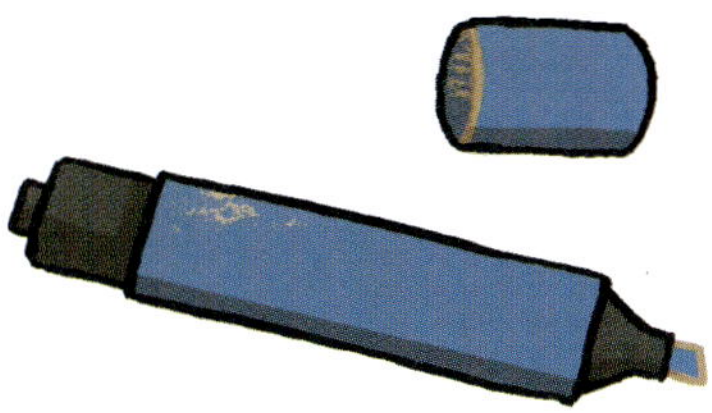

LE FEUTRE
Le feutre
Le feutre

LE CRAYON DE COULEUR
Le crayon de couleur
Le crayon de couleur

LA PÂTE À MODELER
La pâte à modeler
La pâte à modeler

LE POCHOIR
Le pochoir
Le pochoir

LES GOMMETTES
Les gommettes
Les gommettes

LA COLLE
La colle
La colle

LES PERLES
Les perles
Les perles

LE LOTO
Le loto
Le loto

LES DOMINOS
Les dominos
Les dominos

LE PUZZLE
Le puzzle
Le puzzle

À la cantine

Bali a faim,
Bali mange du pain,
Bali mâche bien ;
Dans son assiette,
Il ne laisse rien !

Menu
tomates
steack frites
fromage
salade de fruits

LE CHARIOT
Le chariot
Le chariot

LA TABLE
La table
La table

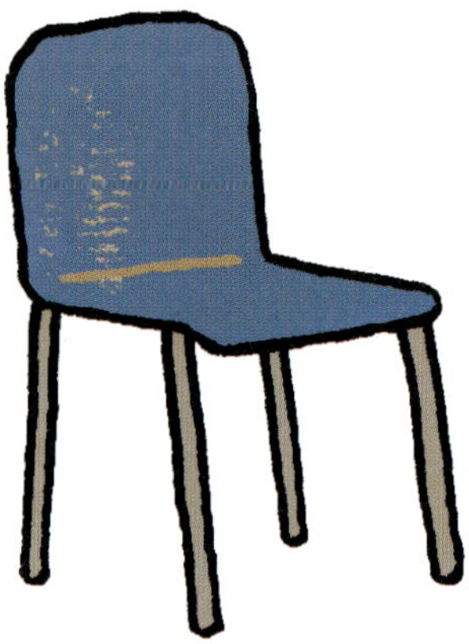

LA CHAISE
La chaise
La chaise

LE MENU
Le menu
Le menu

LE PLATEAU
Le plateau
Le plateau

LE PICHET D'EAU
Le pichet d'eau
Le pichet d'eau

LA SERVIETTE
La serviette
La serviette

LE VERRE
Le verre
Le verre

L'ASSIETTE
L'assiette
L'assiette

LE COUTEAU
Le couteau
Le couteau

LA FOURCHETTE
La fourchette
La fourchette

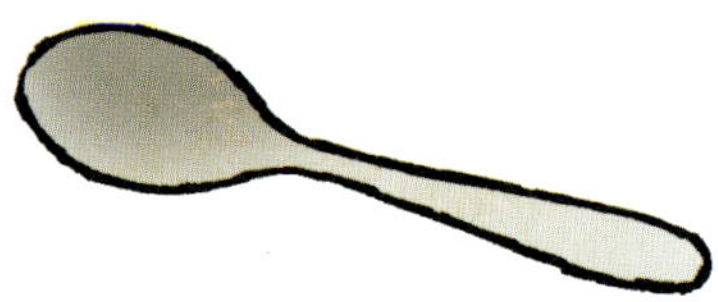

LA CUILLÈRE
La cuillère
La cuillère

LA SALIÈRE
La salière
La salière

LA PANIÈRE
La panière
La panière

LA POUBELLE
La poubelle
La poubelle

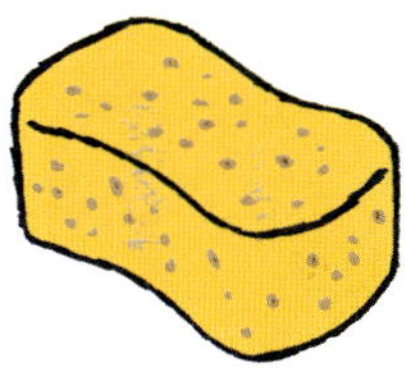

L'ÉPONGE
L'éponge
L'éponge

La sieste

Bali se déshabille,
Bali se met au lit;
Un mini dodo,
Un petit repos,
Et on repart de zéro.

LES LAVABOS
Les lavabos
Les lavabos

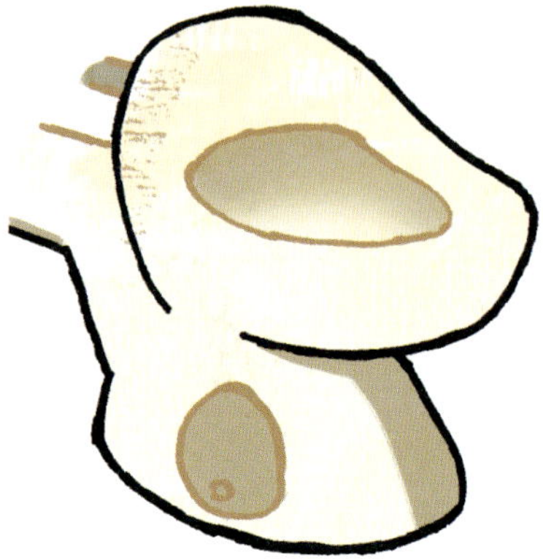

LES TOILETTES
Les toilettes
Les toilettes

LE SAVON LIQUIDE
Le savon liquide
Le savon liquide

L'ESSUIE-MAINS
L'essuie-mains
L'essuie-mains

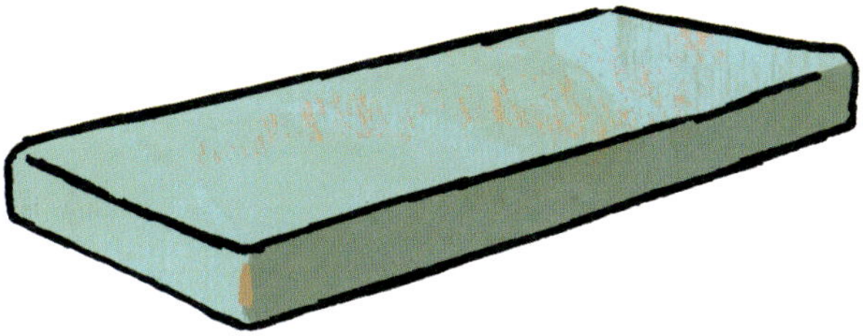

LE MATELAS
Le matelas
Le matelas

LA COUVERTURE
La couverture
La couverture

L'OREILLER
L'oreiller
L'oreiller

LA BOÎTE DE MOUCHOIRS
La boîte de mouchoirs
La boîte de mouchoirs

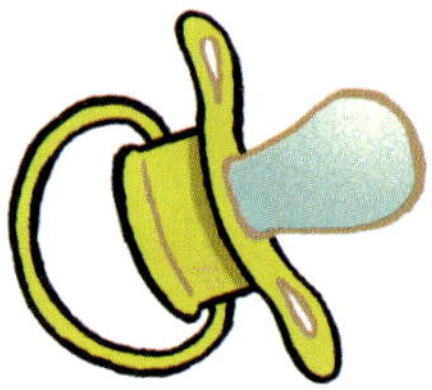

LA TÉTINE
La tétine
La tétine

LE DOUDOU
Le doudou
Le doudou

LA BOÎTE À MUSIQUE
La boîte à musique
La boîte à musique

LA VEILLEUSE
La veilleuse
La veilleuse

BALI SE DÉSHABILLE
Bali se déshabille
Bali se déshabille

BALI SE COUCHE
Bali se couche
Bali se couche

BALI DORT
Bali dort
Bali dort

BALI SE RÉVEILLE
Bali se réveille
Bali se réveille

Le sport à l'école

En haut, en bas,
Bali lève les bras ;
En avant, en arrière,
Bali bouge son derrière.
Avec Bali, le sport, on adore !

LA CAISSE
La caisse
La caisse

LE RUBAN
Le ruban
Le ruban

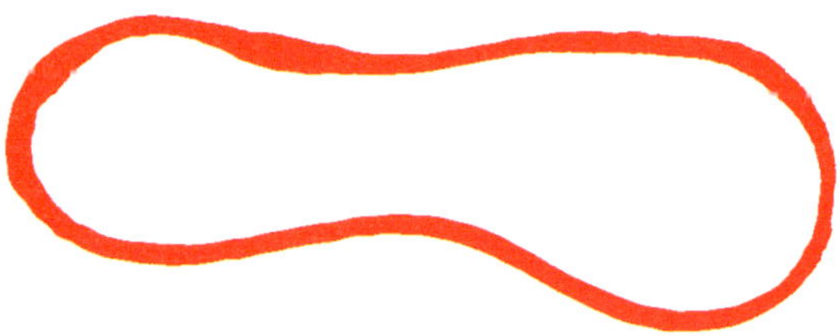

L'ÉLASTIQUE
L'élastique
L'élastique

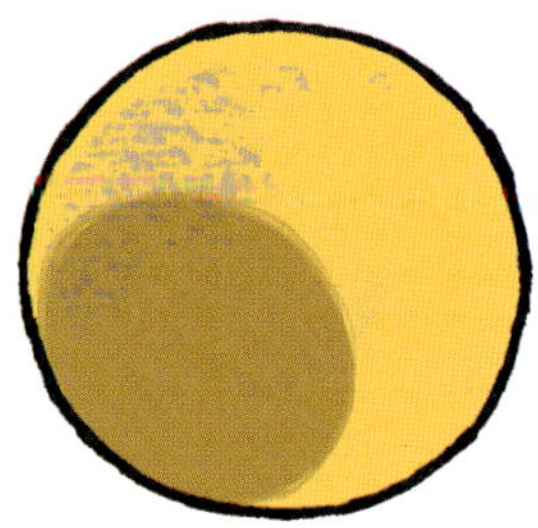

LA BALLE
La balle
La balle

.E PARCOURS DE GYMNASTIQUE
Le parcours de gymnastique
e parcours de gymnastique

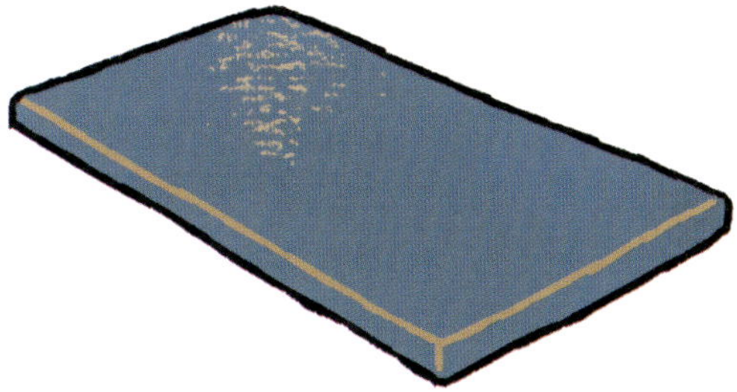

LE TAPIS DE SOL
Le tapis de sol
Le tapis de sol

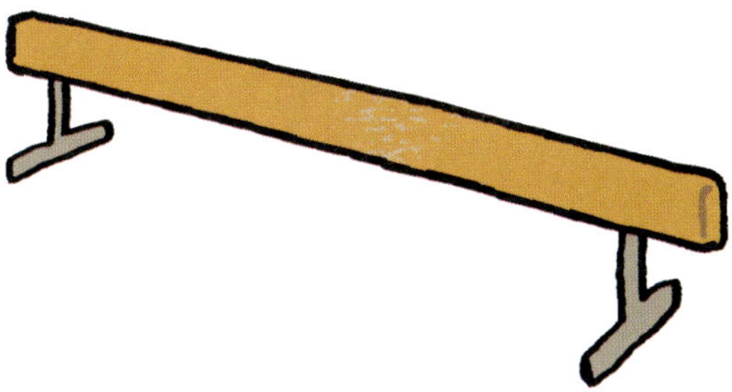

LA POUTRE
La poutre
La poutre

LE TRAMPOLINE
Le trampoline
Le trampoline

L'ESPALIER
L'espalier
L'espalier

LES ÉCHASSES
Les échasses
Les échasses

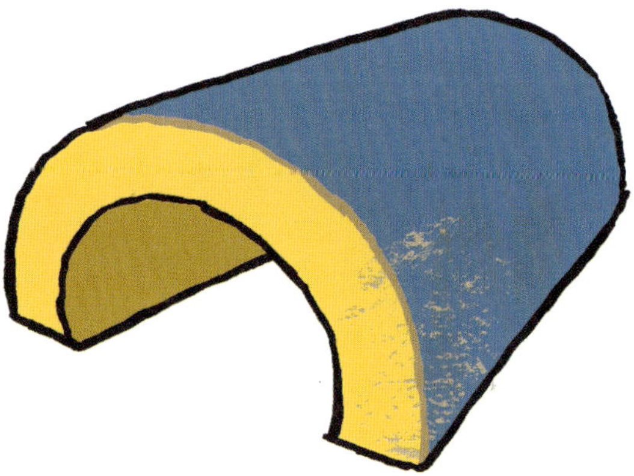

LE TUNNEL
Le tunnel
Le tunnel

LE PLOT
Le plot
Le plot

BALI COURT
Bali court
Bali court

BALI FAIT UNE ROULADE
Bali fait une roulade
Bali fait une roulade

BALI SAUTE
Bali saute
Bali saute

BALI GRIMPE
Bali grimpe
Bali grimpe

L'heure des mamans

L'école est finie,
C'est l'heure de la sortie.
Youpi ! dit Bali.
Demain l'école recommence,
Quelle chance !